りょう
良さんは、おまわりさんです。

夜、町へ行きます。

西町交番News

みつけたら110番

ひと声かけて
カギかけて

9

<監修者紹介>

NPO 多言語多読

「多言語多読」は、外国語を身につけたい人や、それを支援する人たちに「多読」を提案し、応援する NPO です。
2002 年、日本語学習者のための「読みもの」を作ることを目的に、日本語教師が集まって日本語多読研究会を作りました。2006 年に NPO 法人化。2012 年に「NPO 多言語多読」と名称を変更し、多読の普及、実践、研究、日本語の「レベル別読みもの」の開発をしています。
https://tadoku.org/

レベル別日本語多読ライブラリー（にほんご よむよむ文庫）
［スタート］
西町交番の良さん「どろぼう？」

2022 年 5 月 25 日　初版 第 1 刷 発行

作：松田 緑（多言語多読会員・日本語教師）
作画：岡田 亜子
監修：NPO 多言語多読

ナレーション：谷口 恵美／遠近 孝一
デザイン・DTP：有限会社トライアングル

発行人：天谷 修身
発　行：株式会社アスク
　　　　〒 162-8558 東京都新宿区下宮比町 2-6
　　　　TEL.03-3267-6864 FAX.03-3267-6867
　　　　https://www.ask-books.com/
　　　　https://www.ask-books.com/jp/tadoku/（『にほんご よむよむ文庫』公式サイト）

印刷・製本：株式会社光邦

Japanese Graded Readers

レベル別
日本語多読
ライブラリー

にほんご よむよむ文庫

スタート 6

西町交番の良さん
「どろぼう？」

夜、2階の窓からアパートに入ろうとしている男がいます。「どろぼう？」男を見つけた良さんは、アパートへ急ぎます。

にほんご よむよむ文庫

これは、日本語を勉強している人のための「読みもの」シリーズです。6レベルに分かれていて、昔話、創作、名作、伝記などいろいろな話があります。レベルごとに言葉や文法が制限されていて、読みやすく書かれています。漢字には全てひらがなが付いていますから、辞書を引かないでどんどん読んでみましょう。

レベル		語彙数	文字数／1話
スタート	超入門	200	～ 200
0	入 門	350	200 ～ 400
1	初級前半	350	400～1500
2	初級後半	500	1500～2500
3	初中級	800	2500～5000
4	中 級	1300	5000～10000

Japanese Graded Readers

レベル別
日本語多読
ライブラリー

にほんごよむよむ文庫

スタート **5**

西町交番の良さん
「あぶない！」

作＝遠藤 和彦

挿絵＝岡田 亜子
監修＝NPO 多言語多読